BEI GRIN MACHT SICH IHR
WISSEN BEZAHLT

Wigo Müller

Sind die Zuwendungen der Eltern an ihre Kinder eine Schenkung (§§ 516 ff BGB) oder eine Ausstattung (§ 1624 BGB)?

GRIN Verlag

Bibliografische Information der Deutschen Nationalbibliothek:

Die Deutsche Bibliothek verzeichnet diese Publikation in der Deutschen National-bibliografie; detaillierte bibliografische Daten sind im Internet über http://dnb.d-nb.de/ abrufbar.

Impressum:

Copyright © 2015 GRIN Verlag GmbH
Druck und Bindung: Books on Demand GmbH, Norderstedt Germany
ISBN: 978-3-656-95478-1

Dieses Buch bei GRIN:

http://www.grin.com/de/e-book/299124/sind-die-zuwendungen-der-eltern-an-ihre-kinder-eine-schenkung-516-ff

Sind die Zuwendungen der Eltern an ihre Kinder eine Schenkung (§§ 516 ff BGB) oder eine Ausstattung (§ 1624 BGB) ?

[Stand: Mai 2015]

Dr. jur. Wigo M ü l l e r - Braunfels - Lahn
ArbG - Direktor a. D.

Vorbemerkung

Eltern sind ihren Kindern gem. §§ 1601 ff BGB zum Unterhalt verpflichtet, solange sie bedürftig sind. Zur Unterhaltspflicht gehört gem. § 1610 II BGB auch eine angemessene Berufsausbildung. Wenn Eltern ihren Kindern über ihre gesetzlichen Pflichten hinaus Vermögenswerte zuwenden, kann es sich um eine Schenkung nach §§ 516 ff BGB oder um eine Ausstattung nach § 1624 BGB handeln. Die Ausstattung umfasst Zuwendungen der Eltern, die ihren Kindern den Start in die Selbständigkeit erleichtern oder diese erhalten soll. Im Unterschied zur Schenkung kann die Ausstattung weder wegen groben Undanks des bedachten Kindes (§ 530 BGB), noch wegen der Verarmung der Eltern (§ 528 BGB) zurück gefordert werden. Die Ausstattung unter-scheidet sich von der Schenkung ferner dadurch, dass sie gem. § 2050 I BGB beim Tod der Eltern unter den Kindern auszugleichen ist. Bei einer Schenkung findet ein Ausgleich gem. § 2050 III BGB nur dann statt, wenn dies die Eltern vor oder gleich-zeitig mit der Zuwendung bestimmt haben.

Auf die Unterschiede zwischen Schenkung und Ausstattung wird nachfolgend näher eingegangen.

Inhaltsverzeichnis

I Die Unterschiede zwischen Schenkung und Ausstattung

Bei einer Schenkung nach §§ 516 ff BGB und einer Ausstattung nach § 1624 BGB handelt es sich meist um eine Zuwendung von Geld, das bar hingegeben oder auf ein Konto überwiesen werden kann. Daneben kommt die Übereignung von Grundbesitz (OLG Stuttgart, 8 W 495/03, Rpfleger 2004, 694; OLG Stuttgart, 8 W 150/99, BWNotZ 2001, 64; LSG München, 25.09.2008, L 9 AL 41/06) oder die Übergabe von Einrichtungsgegenständen, z. Bsp. für eine Wohnung oder eine Praxis, in Frage (OLG Köln, 4 UF 64/86, FamRZ 1986, 703). Als Ausstattung wurde die Übergabe eines Betriebs (OLG Frankfurt, 20 W 69/07, FGPrax 2008, 18; OLG Stuttgart, 8 W 495/03, FamRZ 2005, 62), die Aufnahme des Kindes in eine Gesellschaft (RG, JW 1938, 2971; OLG Celle, 10 U 28/61, NdsRpfl 1962, 203), der Erlaß eines dem Kind gewährten Darlehens (RG, LZ 1927, 1110) sowie die Übernahme von Schulden des Schwiegerkindes (RG, JW 1912, 913) anerkannt. Arbeitsleistungen der Eltern für das Kind sind keine Ausstattung nach § 1624 BGB (BGH, IVb ZR 70/86, NJW 1987, 2816).
Rechtlich unterscheiden sich die Schenkung und die Ausstattung wesentlich:

1) Die Schenkung

Das Versprechen einer Schenkung bedarf gem. § 518 BGB der notariellen Beurkundung. Der Mangel der Form wird gem. § 518 II BGB durch die Bewirkung der versprochenen Leistung geheilt. Eine Schenkung kann wegen groben Undanks des bedachten Kindes (§ 530 BGB) und wegen der Verarmung der Eltern (§ 528 BGB) zurückgefordert werden. Wenn Eltern nach der Schenkung Sozialhilfe beziehen, kann deren Träger den Rückforderungsanspruch nach § 528 BGB gem. § 93 SGB XII auf sich überleiten und selbst geltend machen (BGH, X ZR 117/02, NJW 2004, 1314), sogar noch nach dem Tod des Schenkers (BGH, IV ZR 212/94, NJW 1995, 2287). Die Schenkungen der Eltern an ihre Kinder sind bei der Erbauseinandersetzung nur dann gem. § 2050 III BGB untereinander auszugleichen, wenn die Eltern die Ausgleichung angeordnet haben. Die Anordnung muss vor oder gleichzeitig mit der Anordnung erfolgen; denn das durch die Zuwendung begünstigte Kind soll abwäggen können, ob ihm die Anordnung eine Minderung seiner späteren Rechte wert ist (RGZ 67, 306; RGZ 90, 419; OLG Koblenz, 12 U 1151/04, ZErb 2006, 130). Nach OLG Koblenz (10 U 105/02, ZErb 2003, 159) und OLG Düsseldorf (7 U 287/92, ZEV 1994, 173) genügt es, wenn das Kind die ihn benachteiligende Bedeutung der Anord-nung erkennt; deshalb liegt in der Erklärung des Erblassers, ein Kind solle nichts mehr bekommen, sei abgefunden (RG, Recht 1912, Nr. 81) oder solle am Nachlass nicht teilnehmen (OLG Jena, 03.05.2001, 6 W 123/01) eine Verpflichtung zur Aus-gleichung nach § 2050 III BGB. Auch bei einer Zuwendung „in Vorwegnahme der zukünftigen Erbregelung" (BGH, IVa ZR 166/87, NJW-RR 1989, 259) oder „im Wege vorweggenommener Erbfolge" (OLG Frankfurt, 06.04.2010, 19 U 126/08) kann eine Anordnung zur Ausgleichung gesehen werden. Dagegen ist eine Ausgleichung aus-geschlossen, wenn der Erblasser bei einer vorweggenommenen Erbfolge Ausgleichs- oder Gleichstellungsgelder vorsieht und dadurch zu erkennen gibt, dass er auf eine Anordnung nach § 2050 III BGB verzichtet (Beispiele: BGH, IV ZR 299/89, NJW 1991 1345 = BGHZ 113, 310; FG Münster, 8 K 7765/00, EFG 2002, 634).
Die Eltern können die Ansprüche ihrer enterbten, dh auf den Pflichtteil gesetzten Kinder nicht durch Schenkungen mindern. Dies verhindern die §§ 2325, 2329 BGB,

die ihnen einen Anspruch auf Ergänzung des Pflichtteils gegen die Erben, hilfsweise gegen die Beschenkten, gewähren, indem die Schenkungen dem im Erbfall vorhandenen Nachlass - in bestimmten zeitlichen Grenzen - hinzugerechnet und danach erst der endgültige Pflichtteil ermittelt wird. Ein Betreuer darf aus dem Vermögen des Betreuten nichts verschenken.

2) Die Ausstattung

Die in § 1624 BGB geregelten Ausstattungen sind wegen der besonderen Verbindung zwischen Eltern und Kinder vom Anwendungsbereich der Schenkung ausgenommen; sie sind daher auch formlos bindend. § 1624 BGB enthält eine Wertentscheidung dahin, den Kindern als Unterform des Unterhaltsanspruchs eine gefestigte Rechtsposition auf eine entsprechende Ausstattung zu verschaffen (LSG München, 25.09.2008, L 9 AL 41/06; 25.02.2005, L 8 AL 376/04, NZB erfolglos). Für das Versprechen einer Ausstattung genügt eine ausdrückliche oder schlüssige Erklärung der Eltern (BGH, XII ZR 148/99, NJW-RR 2002, 01). Eine schlüssige Erklärung kann darin gesehen werden, dass einem Kind der elterliche Betrieb im Wege vorweggenommener Erbfolge übertragen wird. Bei allen Zuwendungen sollten die Eltern angeben, ob eine Ausstattung oder eine Schenkung gewollt ist; denn Schmid (BWNotZ 1971, 29) hat Recht: an niedergelegten Fakten wird weniger gerüttelt als an nachträglichen Behauptungen.
Die Ausstattung kann weder wegen groben Undanks, noch wegen Verarmung der Eltern zurückgefordert werden; dh sie ist „sozialhilfefest" (LSG München, 25.09.2008, L 9 AL 41/06; LSG München, 25.02.2005, L 8 AL 376/04; NZB unzulässig: BSG 10.11.2005, B 11a AL 115/05; SG Dortmund, 26.06.2003, S 27 AL 108/02). Die Ausstattung ist gem. § 2050 I BGB im Verhältnis zu den anderen Kindern auszugleichen, sofern bei der Zuwendung nichts anderes bestimmt wurde. Da es sich bei der Ausstattung nach § 1624 BGB um keine Schenkung handelt, führt sie nicht zu einem An-spruch auf Pflichtteilsergänzung nach § 2325 BGB (BGH, IV ZR 221/69, NJW 1972, 1709 = BGHZ 59, 132). Ein Betreuer darf aus dem Vermögen des Betreuten eine Ausstattung gewähren, doch bedarf er dazu gem. § 1908 BGB der Genehmigung des BetrG.

3) Die Schenkung und die Ausstattung bei der Schenkungssteuer und bei der Insolvenz des Erblassers

Die Schenkung und die Ausstattung werden bei der Schenkungssteuer gleich behandelt; denn in beiden Fällen handelt es sich gem. § 7 I Ziff 1 ErbStG um steuerpflichtige „freigebige Zuwendungen". Im Falle der Insolvenz des Erblassers unterliegen so-wohl die Schenkung als auch die Ausstattung der Schenkungsanfechtung, diese ist gem. § 134 II InsO nur ausgeschlossen, wenn es sich um „geringe Werte" handelt.

II Die Voraussetzungen der Ausstattung im Einzelnen
Bei der Ausstattung handelt es sich um eine Zuwendung der Eltern, die dem Kind den Start in die Selbständigkeit erleichtern oder diese erhalten. Eine Zuwendung der Eltern an ihr Kind ist gem. § 1624 BGB eine Ausstattung, wenn sie ihm im Hinblick

- auf seine Heirat
- auf die Begründung seiner Lebensstellung oder
- zur Erhaltung seiner Lebensstellung oder Wirtschaft

gewährt wird. Für die Anerkennung als Ausstattung kommt es nicht darauf an, ob die Ehe erst geschlossen werden soll oder schon geschlossen ist, ob die Lebensstellung erst geschaffen werden soll oder schon begründet ist, solange die notwendige Zwecksetzung gegeben ist. Nebenzweck kann auch die Gleichstellung eines Kindes mit anderen, bisher bevorzugten Abkömmlingen sein. Dabei bleibt es den Eltern überlass-en, einen geeigneten Zeitpunkt abzuwarten, um den Kindern gleichzeitig die Ausstattung zukommen zu lassen; wesentlich ist, dass die Zuwendung der Begründung, bzw der Festigung der eigenständigen Lebensstellung dient (LSG München, 25.02.2005, L 8 AL 376/04; NZB unzulässig: BSG 10.11.2005, B 11a AL 115/05).

1) Die anlässlich der Heirat gewährte Ausstattung

Eine üblicherweise als Mitgift oder Aussteuer bezeichnete Ausstattung kann dem Kind vor oder nach seiner Heirat gewährt werden (RG, JW 1906, 426). Der Heirat steht gleich, wenn ein Kind eine Partnerschaft nach dem LPartG (BGBl 2001, 266) eingeht.

Beispiele:
Kosten der von den Eltern übernommenen Hochzeitsfeier: Ausstattung ja (OLG Celle, 6 U 46/03, OLGR 2003, 429); Erhalt von Grundvermögen für Kind: Ausstattung nein (BayObLG, 3 ZBR 88/03, FamRZ 2004, 1967). Übernahme der Schulden des Schwiegersohns: Ausstattung ja (RG, JW 1912, 913). Ein dem Kind als Mitgift überlassenes Grundstück kann bei einem Formmangel der Übergabe ein lebenslanges Nießbrauchsrecht begründen (RGZ 84, 391). Die Zusage der Übergabe eines Grund -stücks ist ohne notarielle Beurkundung unwirksam (BGH, 11.12.1952, IV ZR 26/52). Die anlässlich der Heirat an Stelle einer Mitgift geleisteten laufenden Zuschüsse sind nur auszugleichen, wenn dies der Erblasser bei oder vor den Zuwendungen angeordnet hat (RGZ 79, 266).

2) Die zur Begründung der Lebensstellung gewährte Ausstattung

Zur Begründung einer Lebensstellung dienen Zuwendungen, wie z. Bsp. ein Existenzgründungsgeld, die dem Kind die Einrichtung eines eigenen Haushalts oder den Ein-stieg in das Berufsleben erleichtern. Auch hier kann die Zuwendung vor oder nach der Begründung einer Lebensstellung gewährt werden; bei Unaufklärbarkeit des Zweckes einer größeren elterlichen Zuwendung liegt die Deutung als Ausstattung nahe (LSG München, 25.02.2005, L 8 AL 376/04; NZB unzulässig: BSG 10.11.2005, B 11a AL 115/05).

Beispiele:
Übertragung eines Grundstücks: Ausstattung ja (LSG München, 25.09.2008, L 9 AL 41/06; Zahlung der Großeltern von 220.000 DM an 24-jährige Enkelin zum Erwerb einer Immobilie gegen Einräumung eines lebenslangen Wohnrechts: Ausstattung ja (OLG Karlsruhe, 6 U 137/09, ZEV 2011, 531); Auf-nahme eines Kindes ohne Kapitaleinlage in den Betrieb: Ausstattung ja (OLG Celle, 10 U 28/61, Nds Rpfl 1962, 203; Ausbildungsversicherung für das Kind: Ausstattung ja (OLG Düsseldorf, I-4 U 104/03, NJW-RR 2004, 1082); nicht zu tilgende Darlehenszinsen: Ausstattung ja (OLG Stuttgart, 4 U 116/75, BWNotZ 1976, 67); Übertragung Kfz-Schadensfreiheitsrabatt: Ausstattung ja (LG Münster, 3 S 121/04, FamRZ 2005, 1906). Unentgeltliche Überlassung einer Wohnung: Ausstattung ja (LG Mannheim, 5 S 139/69, NJW 1970, 2111). Unentgeltliche Arbeit der Eltern für ihr Kind: Ausstattung nein (BGH, IVb ZR 70/86, NJW 1987, 2816).

5

3) Die Ausstattung zum Erhalt der Lebensstellung oder Wirtschaft

Während die Ausstattung üblicherweise anlässlich der Heirat, der Begründung eines eigenen Haushalts oder des Einstiegs in das Berufsleben gewährt wird, kann sie auch später als „Nachschub" zu dem Kapital gegeben werden, auf welches die Wirtschaft oder Lebensstellung begründet war; denn der Begriff der Ausstattung nach § 1624 BGB ist nicht nur auf die erstmalige Zuwendung bei der Heirat oder Begrün-dung der selbständigen Lebensstellung zu beschränken, sondern auch auf spätere, zur Fortführung der Wirtschaft gewährte Zuwendungen und Renten auszudehnen (RGZ 79, 266).

Beispiel:
Hierher gehören die Fälle, in denen ein Kind in wirtschaftliche Schwierigkeiten gerät, die durch eine Zuwendung der Eltern überbrückt werden.

4) Das Gleichstellungsgeld als Ausstattung

Unter den Begriff der Ausstattung nach § 1624 BGB kann auch das fallen, was die Eltern einem bisher überhaupt nicht oder geringer ausgestatteten Kind zur Gleichstellung mit der Ausstattung eines anderen Kindes geben (RG, WarnRspr 1938 Nr. 22, S. 54; BGH, IV ZR 139/64, NJW 1965, 2056 = BGHZ 44, 91). Es bleibt den Eltern unbenommen, einen geeigneten Zeitpunkt abzuwarten, um den Kindern die Ausstattung gleichzeitig zukommen zu lassen; wesentlich ist, dass sie der Begründung, bzw. der Festigung der eigenständigen Lebensstellung dient (LSG München, 25.02.2005, L 8 AL 376/04; NZB unzulässig: BSG 10.11.2005, B 11a AL 115/05).

5) Die als Ausstattung begünstigten Zuwendungen der Eltern

§ 1624 BGB begünstigt nur Zuwendungen der Eltern und nicht die von anderen Verwandten (OLG Zweibrücken, 18.12.1997, 5 UF 166/95). Großeltern können einem Enkelkind eine auf den Pflichtteil anrechenbare Ausstattung gewähren, wenn ihr Kind bereits vorverstorben ist (OLG Karlsruhe, 6 U 137/09, ZEV 2011, 531). Üblicher -weise werden die Eltern die Werte ihrem Kind unmittelbar zuwenden, doch kann auch eine Zuwendung an ein Schwiegerkind eine Ausstattung sein, weil mit ihr das eigene Kind begünstigt wird (Kammergericht, 6 W 1003/63, FamRZ 1963, 449). Eine Ausstattung einer Tochter wurde auch angenommen, wenn die Eltern einen Betrag auf das Konto ihres Ehemannes überweisen und dabei beide Ehegatten als Empfänger angeben (AG Stuttgart, 23 F 1157/97, ZEV 2000, 73). Eine Ausstattung setzt nicht voraus, dass die Zuwendung zur Erreichung des Zwecks notwendig ist (BGH, IV ZR 139/64, NJW 1965, 2056 = BGHZ 44, 91; BayObLG, 3 ZBR 192/97, FamRZ 1999, 47).

III Ist eine Zuwendung der Eltern eine Schenkung oder eine Ausstattung?

Eine freiwillige Zuwendung der Eltern an ein Kind kann eine Schenkung nach §§ 516 ff BGB oder eine Ausstattung nach § 1624 BGB sein. Eltern und Kinder, die bei einer Zuwendung dahin rechtlich beraten wurden, es seien sowohl die Voraussetzungen einer Schenkung nach §§ 516 ff BGB, als auch die einer Ausstattung nach § 1624 BGB erfüllt, können sich nach der im bürgerlichen Recht geltenden Vertragsfreiheit für das Rechtsinstitut der Schenkung als auch der Ausstattung entscheiden. Unbedenklich können sie daher die Zuwendung eines Grundstücks anlässlich der Heirat als Ausstattung ansehen (Langenfeld, Grundstückszuwendungen im Zivil- und Steuerrecht, 4. Auflage, 1999, RNr. 212).
Leider wird in der Praxis die Frage der rechtlichen Zuordnung einer Zuwendung oft nicht angesprochen, insbesondere dann nicht, wenn Geld hingegeben wird; dann ist zu entscheiden, ob es sich bei der Zuwendung um eine Schenkung nach §§ 516 ff BGB oder um eine Ausstattung nach 624 BGB handelt. Wenn der Zweck einer größeren Zuwendung nicht aufzuklären ist, liegt die Deutung als Ausstattung nahe (OLG Karlsruhe, 6 U 137/09, ZEV 2011, 531; LSG München, 25.02.2005, L 8 AL 376/04; NZB unzulässig: BSG 10.11.2005, B 11a AL 115/05). Dies liegt daran, dass § 1624 BGB die Kinder begünstigt, indem die Zuwendung weder wegen groben Undanks des bedachten Kindes (§ 530 BGB) noch wegen Verarmung der Eltern (§ 528 BGB) zurückgefordert werden kann. Das Interesse der Eltern an der Ausstattung geht dar-auf zurück, dass sie ihre Kinder gleich behandeln möchten (BGH, IV ZR 03/74, NJW 1975, 1831 = BGHZ 65, 75); deshalb bestimmt § 2050 I BGB, dass die Zuwendung unter allen Kindern auszugleichen ist.

IV Die Ausgleichung der Ausstattung im Erbfall

§ 2050 I BGB bestimmt, dass eine Ausstattung unter allen Kindern auszugleichen ist; dh das durch eine Ausstattung begünstigte Kind soll letztlich gleichviel erhalten wie dasjenige, das erst später erbt. Die Ausgleichung lässt den Erbteil der Kinder unberührt, sie verändert nur den auf das einzelne Kind entfallenden Anteil am Nachlass mit der Folge, dass trotz gleicher Erbquote an die Kinder unterschiedlich hohe Be-träge verteilt werden (BGH, IVa ZR 26/84, NJW 1986, 931 = BGHZ 96, 174).
Die Ausgleichung erfolgt gem. § 2055 BGB, indem der Wert aller ausgleichspflichtigen Zuwendungen dem auf die Kinder des Erblassers entfallenden Teil des Nach-lasses hinzugerechnet wird. Maßgeblich für die Berechnung des Wertes ist der Zeit-punkt, in dem die Zuwendung erfolgte (OLG Köln, 17.12.1996, 3 U 40/96), doch kann der Erblasser den Wert vorgeben. Sofern der Erblasser nichts anderes bestimmt hat, ist der zwischen Zuwendung und Erbfall eingetretene Kaufkraftschwund zu berück-sichtigen (BGH, IVa ZR 26/84, NJW 1986, 931 = BGHZ 96, 174); dieser lässt sich nach der folgenden Tabelle berechnen.

Preissteigerungen

				1962	1963	1964	1965	1966	1967
				31,0	31,9	32,7	33,7	34,8	35,5
1968	1969	1970	1971	1972	1973	1974	1975	1976	1977
36,1	36,7	38,0	40,0	42,2	45,2	48,3	51,2	53,3	55,3
1978	1979	1980	1981	1982	1983	1984	1985	1986	1987
56,8	59,2	62,3	66,3	69,8	72,0	73,8	75,3	75,2	75,4
1988	1989	1990	1991	1992	1993	1994	1995	1996	1997
76,3	78,5	80,6	83,6	86,9	90,0	92,4	93,9	95,3	97,1
1998	1999	2000	2001	2002	2003	2004	2005	2006	2007
98,0	98,6	100	102,0	103,4	104,5	106,2	108,3	110,1	112,3
2008	2009	2010	2011	2012	2013	2014	2015	2016	2017
113,4	113.8	115.2	117.5	119.5	121.1	122	(*)		

(*) Der zutreffende Wert ergibt sich, indem der zuletzt angegebene Wert um die für das Jahr vom Statistischen Bundesamt (www.statistik-bund.de) ermittelte Preissteigerungsrate erhöht wird.

Die Ausgleichung wird nur unter den Kindern des Erblassers vorgenommen. Wenn außer ihnen noch andere Erben vorhanden sind, z. Bsp. der Ehegatte des Verstorbenen, beeinträchtigt die Ausgleichung den diesen zustehenden Anteil am Nachlass nicht.

Da nur die unmittelbar vom Erblasser stammenden Ausstattungen auszugleichen sind, muss sich ein Kind nach dem Tod des erstversterbenden Elternteils nur die Hälfte der von den Eltern erhaltenen Zuwendungen anrechnen lassen (OLG Celle, 6 U 46/03, OLGR 2003, 429); denn gemeinsam wirtschaftende Ehegatten stellen nicht auf die rechtlichen Eigentumsverhältnisse ab, sondern gehen davon aus, dass ihnen alle Vermögenswerte gemeinsam gehören (OLG Düsseldorf, 7 U 176/01, ZErb 2002, 231). Nach dem Tod des Letztversterbenden ist dann die zweite Hälfte der Zuwendungen auszugleichen. Auch wenn sich Ehegatten als Alleinerben eingesetzt haben und die Kinder erst nach dem Tod des Letztversterbenden zu Erben berufen sind, müssen sie nur die vom letztversterbenen Elternteil stammenden Zuwendungen aus-gleichen (BGH, IVa ZR 15/82, NJW 1983, 2875 = BGHZ 88, 102). Die Pflicht zur Ausgleichung unterliegt keiner zeitlichen Schranke (BGH, V ZR 169/60, MDR 1962, 557); dh die Ausstattungen sind auch auszugleichen, wenn bei einer beim Pflichtteils-ergänzungsanspruch zu berücksichtigenden Schenkung der Ablauf der Zehnjahres-frist des § 2325 III BGB entgegenstünde.

V Die Ermittlung der auszugleichenden Zuwendungen

Der Ausgleich von Zuwendungen der Eltern setzt voraus, dass diese bekannt sind. Zeitpunkt und Höhe der Zuwendungen lassen sich sicher feststellen, wenn sie von den Eltern aufgezeichnet wurden. Um Streit unter den Kindern zu vermeiden, sollten der Aufstellung vorsorglich Zahlungsbelege oder sonstige Unterlagen, ggf. in Ablichtung, beigefügt werden.

1) Die Auskunft über die auszugleichenden Zuwendungen

Wenn die Eltern ihre Zuwendungen an ihre Kinder nicht aufgezeichnet haben, können sich die eine Ausgleichung fordernden Kinder auf § 2057 BGB berufen. Nach dieser Vorschrift ist jeder Miterbe verpflichtet, Auskunft über die Zuwendungen zu erteilen, die er gem. §§ 2050 ff BGB zur Ausgleichung zu bringen hat. Da es jeder Auskunftsanspruch dem Berechtigten ermöglichen soll, seine Rechte zu wahren, muss die Auskunft umfassend sein; dh es wird eine zeitlich und gegenständlich unbeschränkte „Totalaufklärung" geschuldet (Sarres, Auskunftspflichten zwischen Miterben über lebzeitige Zuwendungen gem. § 2057 BGB, ZEV 2000, 349). Die Pflicht zur Auskunft umfasst alle Zuwendungen, die ausgleichspflichtig sein können; dh auch die, deren Ausgleichungspflicht zweifelhaft ist (RG, IV 113/09, RGZ 73, 369, 372). Die Auskunft muss nicht nur den Zeitpunkt der Zuwendung, sondern auch deren da-maligen Wert enthalten. Sofern einem Kind Sachwerte zugewendet wurden, muss es alles angeben, was ihm über den Wert oder über Anhaltspunkte, um ihn zu bestimmen, bekannt ist (Palandt, BGB, 74 Auflage. 2015, § 2057 RNr. 1). Das Kind genügt seiner Auskunftspflicht nur, wenn es konkrete Angaben zum Wert der Zuwendung macht (BGH, IV ZR 91/09, ZEV 2010, 192). Schließlich muss es alle für und gegen die Ausgleichspflicht sprechenden Umstände mitteilen (RG, 14.07.1932, IV 83/32); dazu gehört auch, ob die Eltern die Ausgleichung vor oder mit einer Schenkung an-geordnet haben. Der zur Auskunft Verpflichtete hat sich die dafür notwendigen Kennt -nisse und Unterlagen zu beschaffen, soweit erforderlich auch von Dritten (BGH, I ZB 37/13, NJW 2015, 494).
Die Auskunft kann von den Geschwistern wie folgt angefordert werden:

Liebe Schwester / lieber Bruder ..... !
Nach dem Tod unseres Vaters/unserer Mutter ist der Nachlass zu verteilen. Bei der Verteilung können die Zuwendungen eine Rolle spielen, die Du, Dein Ehemann bzw Dein Lebenspartner von unseren Eltern zu Lebzeiten erhalten hast/habt. Da ich diese nicht kenne, bitte ich Dich unter Hinweis auf § 2057 BGB, mir bis zum .... mitzuteilen, welche Geld- und Sachzuwendungen Ihr von unseren Eltern, wann und in welcher Höhe erhalten habt. Anzugeben sind alle Zuwendungen, ganz gleich, ob es sich rechtlich um eine Schenkung oder um eine Ausstattung gehandelt hat. Sofern Ihr Sachwerte erhalten habt, teile mir bitte auch mit, was Du mir über den Wert oder Anhaltspunkte, um ihn zu bestimmen, bekannt ist. Schließlich bitte ich Dich um die Mitteilung, ob unsere Eltern bei der Zuwendung die Ausgleichung angeordnet haben.
Viele Grüße

Die/der um die Auskunft gebetene Schwester/Bruder kann diese wie folgt erteilen:

Auskunft des ...., PLZ ... Wohnort, Straße, Hausnummer über Zuwendungen unserer Eltern an mich und meinen Ehemann bzw Lebenspartner

Datum	Art	Wert	Anlass
April 1980	Grundstück	50.000 DM	Heirat
Dezember 1990	Überweisung	50.000 DM	Eröffnung einer Praxis
usw			

2) Die Klage auf Auskunft über die auszugleichenden Zuwendungen

Sofern Geschwister die nach § 2057 BGB erbetene Auskunft nicht erteilen, kann der Anspruch gerichtlich durchgesetzt werden. Für die Klage bietet sich der folgende Antrag an:

> die/den Beklagte/n zu verurteilen, die von erhaltenen Zuwendungen
> nach bestem Wissen so vollständig anzugeben, als sie/er dazu imstande ist

Die Klage kann nicht nur bei dem gem. § 12 ZPO für den Wohnsitz des Auskunftspflichtigen zuständigen Gericht, sondern gem. § 27 ZPO auch am Gerichtsstand der Erbschaft erhoben werden, dh bei dem Gericht, bei dem der Erblasser zur Zeit seines Todes seinen allgemeinen Gerichtsstand hatte. Der Streitwert der Klage wird vom Gericht gem. § 3 ZPO nach freiem Ermessen festgesetzt. Bei einer Klage auf Auskunft wird regelmäßig ein Bruchteil von 1/10 bis 1/4 des Wertes des Anspruchs angenommen, dessen Geltendmachung er vorbereiten soll; er ist umso höher anzusetzen, je geringer die Kenntnisse des Klägers und sein Wissen über die zur Begründung seines Anspruchs maßgeblichen Tatsachen sind (BGH, IV ZB 195/04, ZEV 2006, 265). Da der vom Kläger erwartete Vorteil schwer zu schätzen ist, wird sich das Gericht an den von ihm angegeben Wert halten, den er dem Gericht gem. § 61 GKG mitzuteilen hat. Bei einem Streitwert bis zu 5.000 Euro ist gem. § 23 GVG das AG, bei höheren Streitwerten das LG zuständig. Für die Klage beim LG müssen sich die Parteien durch einen Rechtsanwalt vertreten lassen.

Wenn das Gericht der Klage auf Auskunft stattgibt, kann der Unterlegene kaum einmal ein Rechtsmittel einlegen; denn eine Berufung ist gem. § 511 II Ziff 1 ZPO nur zulässig, wenn der Wert des Beschwerdegegenstands 600 Euro übersteigt. Dieser Grenzwert wird in der Praxis kaum einmal erreicht, weil sich dieser nach der ständigen Rechtsprechung des BGH (IV ZB 27/07, ZEV 2009, 38; III ZB 02/00, NJW 2000, 2113) „nur" nach dem, meist unter 600 Euro bewerteten Interesse des Beklagten richtet, die Auskunft erteilen zu müssen. Immerhin hat das OLG Hamm (10 U 17/14, FamRZ 2015, 789) den Wert mit 1.000 Euro angenommen, wenn Auskunft über längere Zeit (hier: 10 Jahre) gefordert wurde.

Ein Urteil auf eine unvertretbare Auskunft wird gem. § 888 ZPO vom Prozessgericht des ersten Rechtszugs durch Beugestrafen vollstreckt; dh der Schuldner wird zur Vornahme der Auskunft durch Zwangsgeld und für den Fall, dass dieses nicht beigetrieben werden kann, durch Zwangshaft oder durch Zwangshaft angehalten.

3) Die Bekräftigung der Auskunft durch eine eidesstattliche Versicherung
Wenn der Berechtigte glaubt, die Auskunft sei nicht mit der erforderlichen Sorgfalt erteilt worden, kann er gem. §§ 2057, 260 BGB vom Pflichtigen die Abgabe einer eidesstattlichen Versicherung dahin verlangen,

> dass er die Auskunft nach bestem Wissen so vollständig erteilt
> hat, als er dazu imstande war.

Das Verlangen nach einer eidesstattlichen Versicherung ist nicht nur berechtigt, wenn der zur Auskunft Verpflichtete eine Zuwendung „vergessen" hat (OLG Köln, 6 U 113/01, OLGR 2002, 155; AG Bingen, 21 C 121/13, ZErb 2015, 128), sondern auch dann, wenn er die Auskunft aus fadenscheinigen Gründen abgelehnt oder sie nur zögerlich erteilt hat (OLG Frankfurt, 17 U 152/91, NJW-RR 1993, 1483). Das Verfahren dient dazu, die Auskunftspflicht zu erhärten, auch wenn sich der Pflichtige damit einer strafbaren Handlung bezichtigen müsste (BGH, VII ZR 156/62, NJW 1964, 1469). Da eine falsche eidesstattliche Versicherung nach § 156 StGB mit einer Freiheitsstrafe bis zu drei Jahren oder mit Geldstrafe bedroht ist, wird jeder Pflichtige die von ihm erteilte Auskunft vor der Eidesleistung auf ihre Vollständigkeit überprüfen und sie ggf. berichtigen.

4) Die Abgabe der eidesstattlichen Versicherung

Der Pflichtige kann die von ihm geforderte eidesstattliche Versicherung freiwillig vor dem AG abgeben; eine Erklärung vor einem Notar genügt nicht (OLG Jena, 2 U 762/05, OLGR-NL 2006, 88). Die freiwillig abgegebene eidesstattliche Versicherung nimmt gem. § 410 FamFG der Rechtspfleger der Vollstreckungsabteilung des - gem. §§ 803, 764 II ZPO ausschließlich zuständigen - AG ab (OLG München, 5 W 952/90, MDR 1991, 796). Auf Wunsch des Antragstellers darf er anwesend sein, doch steht ihm kein Fragerecht zu (OLG Celle, 4 W 89/95, OLGR 1995, 310).
Im Falle der Weigerung des Abgabepflichtigen kann der Gläubiger die Abgabe der eidesstattlichen Versicherung beim AG beantragen; gem. § 13 ZPO ist hier das AG am Wohnsitz des Schuldners zur Zeit des Antragseingangs zuständig. Bei mehreren Wohnsitzen besteht gem. § 35 ZPO ein Wahlrecht des Gläubigers. Fehlt ein Wohnsitz ist gem. § 889 I Satz 1 ZPO das AG zuständig, in dessen Bezirk das Prozessgericht des ersten Rechtszugs seinen Sitz hat.
Für den Antrag ist ein Muster abgedruckt:

An das Amtsgericht - Vollstreckungsgericht - ....
In der Zwangsvollstreckungssache Gläubiger ./. Schuldner
beantrage ich,
1) dem Schuldner gem. § 889 I ZPO die eidesstattliche Versicherung abzunehmen
2) für den Fall, dass der Schuldner im Termin zur Abgabe der Eidesstattlichen Versicherung nicht er -scheint oder deren Abgabe verweigert, gem. § 889 II ZPO Zwangsgeld oder Zwangshaft festzusetzen
Gründe:
Nach dem anliegenden – vorläufig – vollstreckbaren Urteil des AG/LG ... vom Az. ... wurde der Schuldner verurteilt, an Eidesstatt zu versichern, dass er die von ihm erteilte – in Abschrift beigefügte - Auskunft nach bestem Wissen so vollständig erteilt hat, als er dazu imstande war.
Trotz des beigefügten Mahnschreibens vom .... hat der Schuldner die eidesstattliche Versicherung nicht abgegeben. Er muss sie nunmehr gem. § 889 I ZPO vor dem Vollstreckungsgericht abgeben.

Nach Eingang des Antrags beraumt der für das Verfahren zuständige Rechtspfleger einen Termin an, zu dem der Schuldner persönlich geladen wird. Wenn er durch einen Rechtsanwalt vertreten war, muss dieser von der Ladung benachrichtigt werden. Da die Terminsverfügung die Zwangsvollstreckung nur vorbereitet, kann der Schuldner Einwendungen dagegen nur mit der Erinnerung gegen die Art und Weise der Zwangsvollstreckung gem. § 766 ZPO geltend machen. Wenn der Schuldner seine Pflicht zur Abgabe der eidesstattlichen Versicherung bestreitet, kann er dagegen mittels einer Vollstreckungsgegenklage gem. § 767 ZPO vorgehen. In den Fällen, in denen die vom Schuldner erteilte Auskunft Anlass zur Annahme gibt, dass er sie nicht mit der gebotenen Sorgfalt erteilt hat, kann das Vollstreckungsgericht gem. § 261 I BGB eine den Umständen entsprechende Änderung der eides-stattlichen Versicherung beschließen und anordnen, dass der Schuldner seine bis-lang unvollständige Auskunft nachbessert und die vollständige Auskunft an Eides- statt versichert (BGH, I ZB 37/13, NJW 2015, 494). Wenn der Schuldner zum Termin nicht erscheint oder dort die Abgabe der eidesstattlichen Versicherung verweigert, verfährt das Vollstreckungsgericht gem. § 889 II ZPO nach § 888 ZPO; der Rechts-pfleger kann gegen den Schuldner Zwangsgeld, der Richter Zwangshaft anordnen.

5) Die Kosten der eidesstattlichen Versicherung

Die Kosten der eidesstattlichen Versicherung hat gem. §§ 2057, 261 BGB der Antragsteller zu tragen (BGH, III ZB 02/00, NJW 2000, 2113). Für das Verfahren auf Abnahme einer eidesstattlichen Versicherung nach § 889 ZPO wird gem. KV-Nr. 2114 GKG eine Festgebühr von 35 Euro erhoben. Wenn ein Rechtsanwalt mit der Stellung des Antrags auf Abgabe der eidesstattlichen Versicherung beauftragt wird, kann er dafür gem. § 18 Nr. 15 RVG eine besondere Vergütung verlangen; ihm stehen für seine Tätigkeit eine 0.3 Verfahrensgebühr nach VV-RVG Nr. 3309 zu und wenn ein Termin stattfindet - eine weitere 0.3 Gebühr nach VV-RVG Nr. 3310. Der Geschäftswert seiner Tätigkeit entspricht dem Streitwert der Klage auf Auskunft nach § 2057 BGB. Der gelegentlich vertretenen Ansicht, der Geschäftswert beschränke sich auf die für die Zeit und Kosten für die Abgabe der eidesstattlichen Versicherung kann nicht gefolgt werden; denn die dafür herangezogene Rechtsprechung des BGH (BGH, IV ZB 27/07, ZEV 2009, 38; III ZB 02/00, NJW 2000, 2113) betrifft lediglich den Beschwerdewert aus Sicht des zur Auskunft verurteilten Schuldners.

VI Zusammenfassung

Die Eltern sind ihren Kindern gesetzlich zum Unterhalt verpflichtet, solange sie nicht selbst für sich sorgen können. Zur Unterhaltspflicht gehört die Ausbildung zu einem angemessenen Beruf. Darüber hinaus können die Eltern ihren Kindern freiwillig Vermögenswerte überlassen. Neben einer Schenkung nach §§ 516 ff BGB kommt eine Ausstattung nach § 1624 BGB in Frage, sofern die Zuwendung mit Rücksicht auf die Heirat des Kindes oder auf die Erlangung einer selbständigen Lebensstellung zur Begründung oder Erhaltung der Wirtschaft oder der Lebensstellung erfolgt. Die Ausstattung ist wegen der engen Verbindung zwischen Eltern und Kindern privilegiert, weil sie anders als eine einfache Schenkung weder im Falle der Verarmung der Eltern, noch bei grobem Undank des Kindes zurückgefordert werden kann. Eine weitere Besonderheit der Ausstattung besteht darin, dass sie im Erbfall unter den Kindern auszugleichen ist, wenn die Eltern vor oder mit der Zuwendung nichts anderes bestimmt haben.

Wenn sowohl die rechtlichen Voraussetzungen der Schenkung als auch der Ausstattung erfüllt sind, können die Eltern mit ihren Kindern vereinbaren, ob die Zuwendung als einfache Schenkung oder als privilegierte Ausstattung zu behandeln ist. Wenn die Eltern und die Kinder die rechtliche Zuordnung nicht angesprochen haben, kann auf eine Ausstattung nach § 1624 BGB geschlossen werden, weil diese weder zurück-gefordert werden kann und sie wegen der gesetzlich vorgesehenen Ausgleichung zur gleichmäßigen Behandlung aller Kinder führt.

Die nach § 2057 BGB zu erteilende Auskunft kann durch eine Klage durchgesetzt und ggf. durch eine eidesstattliche Versicherung bekräftigt werden.

Nachtrag

Die vorstehenden Hinweise sind gründlich bearbeitet. Fehler sind dennoch nicht aus-
zuschließen, zumal die umfangreiche Rechtsprechung und die Literatur kaum noch
überschaubar sind. Für etwaige Unrichtigkeiten kann keine Haftung übernommen
werden. Hinweise, Anregungen und Vorschläge für Verbesserungen sind erwünscht.

Anhang

1: Muster eines Ausstattungsvertrages
(nach Langenfeld, Grundstückszuwendungen im Zivil- und Steuerrecht, 4. Auflage, RNr. 667)

Verhandelt in … am … vor dem Notar ….
Es sind erschienen: 1) Eheleute …. (Übergeber) 2) deren Tochter Frau …. (Übernehmerin)
und erklären zur öffentlichen Urkunde

Ausstattungsvertrag
§ 1 Vertragsobjekt
Die Übergeber sind zu je einhalb Anteil im Grundbuch von …. als Eigentümer des folgenden Ver-
tragsobjekts eingetragen: z. Bsp. Beschreibung des Bauplatzes nach dem Grundbuch
Das Vertragsobjekt ist nach dem Grundbuch lastenfrei.
§ 2 Ausstattung
Die Übergeber übergeben der Übernehmerin mit Rücksicht auf deren Verheiratung das bezeichnete
Vertragsobjekt im Wege der Ausstattung. Die Übernehmerin nimmt die Ausstattung an.
§ 3 Auflassung
Einig über den bezeichneten Eigentumsübergang bewilligen und beantragen die Beteiligten den
Vollzug im Grundbuch.
§ 4 Besitzübergang, Gewährleistung
Der Besitzübergang mit Nutzen, Lasten und Gefahr erfolgt am …. Jegliche Gewährleistung für
Sach- und Rechtsmängel aller Art ist ausgeschlossen.
§ 5 Anrechnung
Die Zuwendung ist auf den Pflichtteil nach jedem Übergeber jeweils mit …. Euro anzurechnen. Der
Notar hat auf die Ausgleichungspflicht nach §§ 2050, 2316 III BGB belehrend hingewiesen, weiter-
hin darauf, dass eine Pflichtteilsergänzung bei der Ausstattung nach § 2325 BGB nicht stattfindet.
§ 6 Kosten, Steuern
Die Kosten dieses Vertrags und seines Vollzugs und etwaige Schenkungssteuer trägt die Über-
nehmerin.

2: Weiterführendes Schrifttum

Zimmer, Der Auskunftsanspruch über den fiktiven Nachlass, NJW 2015, 01;

Funke-Roth, Ausgleichspflicht und erweiterter Erblasserbegriff, NJW-Spezial 2013, 423;

Everts, Vorweggenommene Erbfolge, Ausgleichung, Anrechnung, und der BGH - zugleich ein Plädoyer für die Ausstattung, MittBayNot 2011, 107;

Fröhler, Erbausgleichung und Pflichtteilsanrechnung aufgrund Schenkung bzw. Ausstattung, BWNotZ 2010, 94;

Dumslaff, So vollstrecken Sie die eidesstattliche Versicherung nach bürgerlichem Recht, Vollstreckung effektiv 2010, 05;

Siebert, Die Struktur des Geschwister-ausgleichs für erhaltene Zuwendungen im Erbfall, NJOZ 2009, 3099;

Jakob; Die Ausstattung (§ 1624 BGB) - ein familienrechtliches Instrument moderner Vermögensgestaltung, AcP 2007, 198-224 (= Heft 207 vom 02.04.2007);

Knodel Die Ausstattung, eine zeitgemäße Gestaltungsmöglichkeit ? ZErb 2006, 225; **Sarres** Auskunftspflicht zwischen Miterben über lebzeitige Zuwendungen gem. § 2057 BGB, ZEV 2000, 349;

Kerschner, Zuwendungen an Kinder zur Existenzgründung - Die Ausstattung als ausgleichspflichtiger Vorempfang, ZEV 1997, 354;

Werbik, Lebzeitige Zuwendungen des Erblassers, 2004, Baden-Baden;

Klinger, Ausgleich von Vorempfängen bei gesetzlich-er Erbfolge, NJW-Spezial, 2006 61;

Klinger, Anrechnung und Ausgleichung lebzeitiger Zuwendung -en des Erblassers NJW-Spezial, 2006, 253;

Schindler, Zuwendungsarten bei der Ausgleichung unter Miterben nach § 2050 BGB, ZEV 2006, 389;

Monschau, Die Ausgleichung der Erbengemeinschaft - Ausgleich lebzeitiger Zuwendungen des Erblassers und besondere Leistungen eines Erben, ZFE 2005, 428;

Bertolini, Zur Durchführung der Ausgleichung (§ 2055 BGB), MittBayNot 1995, 109;

Thubauville, Die Anrechnung lebzeitiger Leistungen auf Erb- und Pflichtteilsrechte, MittRh NotK 1992, 289;

Weimar, Rechtsfragen zur Ausgleichspflicht unter Miterben, JR 1967, 97